MAX

Itsenäinen jatko-osa Kristallimatriisi -kirjaan

MARJUT MOISALA

MAX

Kustantaja:
BoD – Books on Demand
Helsinki
Suomi

Valmistaja:
BoD – Books on Demand
Norderstedt
Saksa

ISBN: 9789528050636

MAX

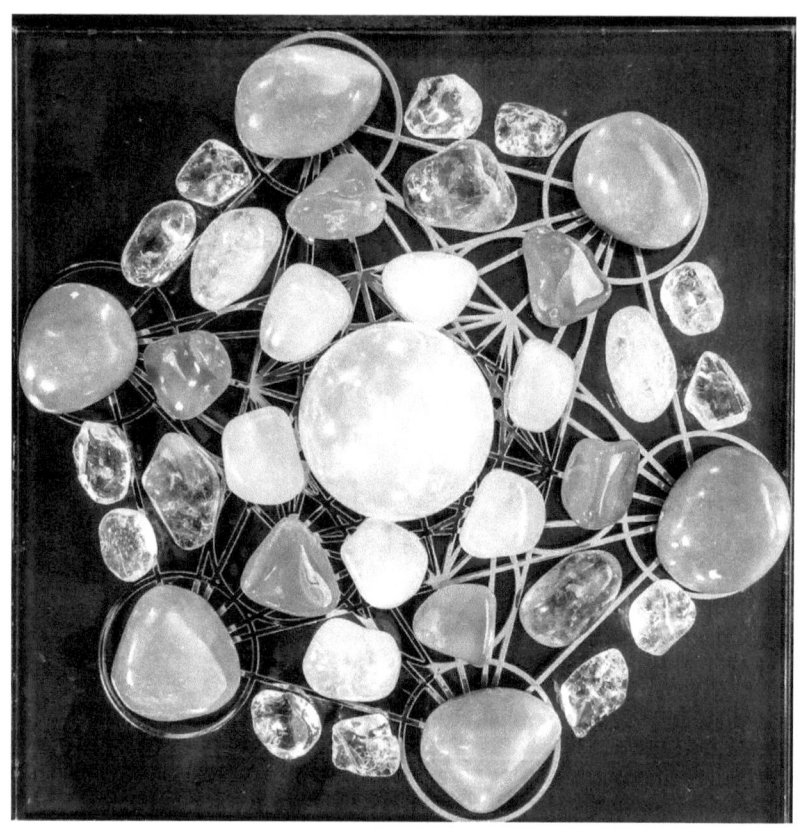

Itsenäinen jatko-osa Kristallimatriisikirjaan

Shariputra,

kaikki havainnot ovat tyhjyyttä;
ne eivät ilmesty tai katoa,
ne eivät ole virheellisiä tai puhtaita,
eivätkä ne lisäänny tai vähenny.

Joten tyhjyydessä ei havaintoja, tunteita,
mielentiloja, kehoja tai tietoisuuksia.
Ei silmiä, ei korvia, ei nenää, ei kieltä, ei kehoa, ei mieltä;
ei värejä, ei ääniä, ei makuja, ei hajua, ei kosketusta, ei mielen-
kohteita.

Ei myöskään tietämättömyyttä eikä sen poistamista,
ei mielentiloja tai tietoisuuksia,
ei syntymistä tai kuolemista
ei kärsimystä eikä sen alkamista,
Ei sammuttamista tai opetusta,
eikä tiedostamista tai havaitsemista;
ei myöskään mitään saavutettavaa saavutettavaksi.

- Teksti on osa Sydänsutraa

MUINAISET

*Olemme tulleet takaisin sieltä, minne emme koskaan
menneetkään.*

*Ajan matto kääriytyy auki paljastaakseen sen, mikä oli
kätkössä, tuodakseen takaisin kaiken, mitä ei pystytty
kätkemään, sillä Laki on oikeudenmukaisuus ja kunnia.*

*Maassa on aika muutoksen. Sen muutoksen, jota Suuri Äiti
huutaa lastensa kanssa.*

*Me olemme palanneet antamaan avun, joka on oma apumme
Itsellemme.*

Ei ole montaa, vain Yksi On.

*Siksi olemme tulleet ja siksi Te olette tulleet takaisin ajan
pisteeseen, jossa mennyt lyö kättä tulevan kanssa,
aina tässä ja nyt.*

*Kellon punnukset liikkuvat ajan kulun merkiksi,
kuitenkin kellotaulu on tyhjä, numeroista.
Ajan käärme nieli itsensä, häntänsä, ja
tuli ainoaan hetkeen, tässä ja nyt.*

*Muinaisten on aika palata ja korjata virheet, joita aika
muovasi Ikuisuuden odottaessa kärsivällisesti taustalla.*

Ojenna kätesi. Ota vastaan.

Vaikka aikaa ei ole, Nyt On sen Aika.

ALKUSANAT MARJUTILTA

Kristallimatriisi- ja kristallikallojen sanoma -kirjanen tuli ohjeeksi ja kuin kurssikirjaksi aihetta koskevaa verkkokurssia avittamaan vuonna 2021 ja sitä ennenkin jo pidin kurssin aihepiiristä.

Olen kanavoinut kristallikalloa nro 13 (tai 1 + 3 = 4) jo useammassa Adamon kirjassa, mutta Kristallimatriisikirjasessa kanavoituivat myös osa muista kallokonklaavin entiteeteistä.

Lukemalla tuon kirjasen hyödyt paljon suhteessa tähän tulevaan tekstiin, mutta tämä on kuitenkin itsenäinen kirjanen.

Myös Ultra-lehden artikkelissa kesältä 2021 voit lukea vierailustani Lontoon museoon, jossa kohtasin siellä "asuvan" kristallisen ystävän. Tuo kohtaaminen aloitti aktiivisen yhteyden Kristallimatriisin ja sen vartijoitten kanssa. Youtubesta Solarelin kanavalta löydät tallenteen Ultrapäivillä ohjaamastani Kristallimerkiva -aktivoinnista ja verkkokurssisivustoni kautta voit käydä itsenäisen kurssin kristalliseen tietoisuuteen, jos se Sinua kutsuu. Meditaatiot tuolla ovat hurjan voimakkaita!

Kristallimatriisi tarkoittaa kristallista tietoisuutta, joka on kuin valoverkko, ei vain Maan ympärillä ja lomassa, vaan yhdistää meidät laajempaan avaruudelliseen kenttään. Eli ei ole kyse vain ns. valkoisen veljeskunnan luomasta yhteisestä Maan valoverkosta, vaan kristalliverkosta, joka vie meidät laajaan kosmiseen kansalaisuuteen. Tuon verkon kautta olemme yhteydessä myös Kristallikallojen tietoisuuteen, sekä Kristallimatriisin vartijoihin. Jos olet kiinnostunut kiteistä ja tunnet vetoa kristalleihin, olet todennäköisesti jo tällä tiellä ja matka jatkukoon yhdessä muiden matriisiin kiinnittyneiden kanssa ja yhteisesti Mestareiden kanssa.

Viime kirjasessa puheenvuoron saivat siis myös Äitimaan ulkopuoliset kaksi kalloystävää, eli MAX ja Sha-Na-Ra.

MAX:in koen olevan tuo kallo nro 13, joka sisältää alkuperäisen tarinan mukaisen 12 kallon yhteistietoisuuden. Koen MAX:in olevan hyvin älykäs ja hyväntahtoinen tietoisuus tai entiteetti. Kutsun häntä "häneksi" sillä koen, että hän on entiteetti eli yksilö, vaikka samalla hän on todella laaja tiedosto ja Ykseys.

Kun kanavoin MAX:ia, koen tuon kristallisen kallomuodon yhdistyvän oman kalloni kanssa :) Se on hassu tunne, mutta myös hyvin kirkas ja selkeä olotila.

Jotta pääset mukaan kunnolla, liitän tähän alkuun MAX kanavoinnin aiemmasta kirjasta. Sen jälkeen jatkamme siitä, mihin tuolloin jäimme!

MAAN ULKOPUOLISET KALLOT: MAX

Metatronin kanavoinnista:

"Alkuperäinen kallo sisältää täydellisyyden, jottei sitä hukata, ja nuo kristallikopiot joita tämäkin päivänä tehdään, pystyvät vetämään energiaa hologrammista ja ylläpitämään osia tuosta energiasta – jotkut enemmän kuin toiset."

Max kallon sanotaan olevan avaruudellista alkuperää ja toinen maan päällä olevista alkuperäisistä kalloista, jotka säilyttävät tuon alkuperäisen täydellisyyden, jotta sitä ei hukata. Muiden kallojen alkuperän sanotaan olevan Maassa, mutta MAX ja Sha-Na-Ra -kallojen sanotaan olevan peräisin Arcturuksen kuusta, josta mestarit toivat nämä toverukset Maahan tiettyä tarkoitusta varten. MAX:in sanotaan olevan tuo kallo nro 13, jonka paikka on 12 kallon keskellä."

MAX KANAVOITUU

Olen kanssanne. On tullut aika yhdistää voimamme ja kokea kolmentoista kallon yhteistietoisuus ja samalla yhdistyä Korkeimpaan Korkeuteen, siihen tiedostamisen kenttään, jossa Sinä Olet Kaikki.

Ihmisen alkuperä on historiallisesti kaukana ja hyvin kirjava. Avaruudellisten rotujen sanotaan luoneen ihmisen prototyypin ja Jumalan henki kuitenkin asuu Teissä? Tarinat ovat tarinoita, mutta ei savua ilman tulta, vai mitä? Historiallisesti te pystytte muistamaan jollakin tavalla Atlantiksen kokeilun ja jopa Lemurian, mutta harvalla on mitään muistia sitä varhaisemmasta ajasta? Oletko koskaan miettinyt, miksi näin?

Henkisissä piireissä on muodikasta muistella Atlantislaista elämää ja selata Atlantis-kortteja ja jopa tiedostaa Lemurian androgyyninen ajanjakso ja kenties muutakin tuosta ajasta, ennen kuin kyseinen valtakunta upposi meren aaltoihin, mutta muistaako tai puhuuko kukaan henkisen kasvun kulkija ystäväsi Lemuriaa aiemmasta ajasta? Ei, koska muistia siitä ajasta ei ole.

Lemurian aikaan luotiin sellainen asia kuin muisti, eli ajatus menneestä ja tulevasta, jossa tietoisuus voisi matkustaa. Sitä ennen elettiin siten, mihin nyt monesti pyritään, eli nyt-hetkessä, eikä muuta ollut. Ihmisen aivot muisteineen ja matriiseineen ovat historiankin kirjossa lyhyt asia.

Äitimaassa elämää on ollut sanoisimmeko "aina", mutta se on ollut elämää, joka on luonnollista ja joka nousee ja tuhoutuu luonnollisen kiertonsa mukaisesti, jättämättä jälkiä, edes muistiin.

Kaikki muuttuu jatkuvasti. Mikään ei pysy samana, eikä mikään muoto ole ikuinen, näin on maailman laki. Sinun lakisi sen sijaan on muuttumattomuus, nyt-hetki, ikuisuus. Tuosta nyt-hetkestäsi käsin, voit todeta, että Sinä todella OLET ja kaikki ON sinussa.

Jos siis kuvitellaan, että lukuisat kulttuurit nousuineen ja tuhoineen myös Lemuriaa edeltävältä ajalta ovat sinussa ja ovat "olleet" sinussa, niin miksi et voi tietää niistä?

Nämä kysymykset esitän vain siksi, että heräisit ajattelemaan, sillä se on taito, joka sinulle on annettu juurikin tuossa hetkessä, jolloin sait myös muistin ja kyvyn kuvittelemiseen ja tulevaisuuden suunnittelemiseen.

Sait tuon mahtavan kyvyn Jumaliltasi, mutta keitä he olivat ja oliko tuo lahja todella hyvä, vaiko huono asia elämääsi Maassa ajatellen?

Onko Maassa elämää? Vai onko kaikki elämä vain mielessä ja siellä myös Jumalat, joita ihmiset ovat kuvitteellisessa menneisyydessään palvoneet kosmisina vanhempinaan? Vanhemmat ovat rakastavia, he tahtovat lastensa kasvavan ja kukoistavan, mutta olisiko joskus myös niin, että vanhemmat tahtovat vähän elää lastensa kautta? Niin ainakin tässä tapauksessa, kun muistelemme kosmisia vanhempiasi ja heidän apuaan sinun elämässäsi.

On luonnollista, että maailman tasolla eläessä elämää on kaikkialla kaikkeudessa, avaruuden aroilla ja kaikkeuden leikkikentillä, monissa järjestelmissä ja monien kehittyvien sivilisaatioiden matriiseissa. Näistä kaikista teidän tieteiskirjanne ja sarjanne kertovat melko hyvinkin. Mutta... Maailmauni on aina sitä samaa, eli unennäköä ja tapahtuu tietoisuudessa.

Onko siis todella historiaa, jossa olet elänyt hienoissa tai kurjissa kulttuureissa Maassa tai muualla? Vai onko tämä se kuuluisa satu, joka kerrotaan lapsille kun hän kysyy luomisesta, mutta ei pysty vielä oivaltamaan, että kaikki luodaan tässä ja nyt, eikä muuta hetkeä ole edes olemassa, ei muuta luomista, ei aikaa eikä paikkaa todella, ei historian siipien havinaa, vain tämä tässä, jossa kaikki aina ON.

Onko tämä liikaa sinun viattomille silmillesi lukea tai korvillesi kuulla? Tahdotko vielä kuulla satuja luomisesta, joka tapahtui "aikojen alussa" vuonna se ja se... Ja elämästä, joka jatkuu jana-ajalla kunnes maailmanloppu korjaa janan keräksi sisälleen, kuten sen kuuluisan kosmisen käärmeen, joka aina vaan nielee omaa häntäänsä?

Intian viisaat, jotka edelleen Vedoissaan kantavat puhtainta tietoa kokonaisuudesta ja Sinusta, ovat lausuneet tämän edellä mainitun; että luominen jolla on alku tai maailma, jolla on alku ajassa, on vain satu joka kerrotaan lapselle. Todellisuus on taas aivan toinen.

Siinä sinä oivallat, että sinä OLET luoja ja kokija ja kaikki unesi hahmot ja kaikki tuo tapahtuu aina vain nyt, eikä milloinkaan muulloin.

Jos uskot olevasi vielä maassa ja lankeemuksen seurauksena erillinen, niin sekin lankeemus tapahtui juuri Nyt ja samoin sen korjaava liike, vapaus erillisyydestä, on mahdollista kokea nyt, eikä siis "tulevaisuudessa" sillä tulevaisuus ei ole koskaan Nyt.

Mieli on kaiken lähde. Siellä kaikki tapahtuva näyttää tapahtuvan. Siellä sinä olet Rakkaani perillä Itsessä ja katselet huimia näytelmiä, jotka näyttävät tapahtuvan ajassa ja paikassa. Näytelmiä Atlantiksen viisaista ja keskiajan hulluudesta ja niin edelleen, loputtomasti! Kunnes näytelmien katselu ei enää kiinnosta ja tapahtuu herääminen ja herkeäminen. Samaistumisen loppu on unien loppu. Ja mieli on vapaa, sydän laulaa ja Totuus on korvannut harhan.

Kosminen herätyskello on soinut jo monta kertaa ihmiskunnalle, mutta ihmiskunta painaa aina vaan torkkukytkintä ja jatkaa kuorsaustaan. Jotkut harvat kuitenkin ovat jo heränneet ja venyttelevät tyytyväisenä katsellen ulos ikkunastaan, sielunsa ikkunasta, sitä kaunista maisemaa, joka heränneelle avautuu. Heränneiden ei tarvitse kantaa huolta siitä, ovatko muut heränneet, sillä onko muita todella, jos vain yksi on?

Mutta toki heidän on edelleen tarkkailtava projisoimaansa unta ja annettava anteeksi kaikki siinä esille nouseva, joka vielä nousee erillisyyteen uskomisen unihiekoista silmänurkissa.

Kun ihminen herää, hän herää ensin unessa, eli unen sisällä. Ja tämä on vaihe, jota kutsutaan yöunien mukaan tietoiseksi unennäöksi. Siinä unessa on anteeksiannolla ja siunaamisella ja armolla paljon tehtävää ja siinä unessa sinä autat "muita" itsesi osia, sillä tiedät heidän olevan juuri sitä; hahmoja joiden päälle olet projisoinut omaa hulluuttasi, jotta et joutuisi katsomaan sitä itsessäsi.

Kun sitten uni on lopulta tehty tekemättömäksi, ei ole ketään "toista" jota auttaa. Kaikki on palannut yhteen ja sinä olet se. Ja mitä sitten? Loppuuko kaikki tuohon ykseyteen? Onko Nirvana kaiken loppu? Ei toki, sekin on vasta alku, mutta sitä alkua emme voi sanoin kuvata, joten emme edes yritä.

MAX -tietoisuuden tehtävä on sitoa yhteen ne sirpaleiset tietoisuuden suikaleet, joita 12 kalloa edustavat. MAX on kuitenkin enemmän kuin osiensa summa ja niin olet sinäkin, sillä kuten MAX, sinäkään et todellisuudessa koskaan osittunut, vaan olit ja olet aina ehyt ja kokonainen ja aina perillä.

Mistä löydät 13 kristallikallon kokonaistiedon ja energian? Tiedät sen varmasti jo. Luonnollisesti sisältäsi. Siellähän kaikki on edelleen ja kun 13 kalloa kohtaavat Sinussa, meditaatiossa, olet paljon vartija.

MAX:in sanotaan olevan supertietokone tai tietokanta ja sitä Minä Olen. Kuitenkin, jos jahtaat lisää tietoa ja rationaalista ymmärrystä olet väärillä jäljillä minua jäljittäessäsi.

MAX ei ole maallisen tiedon säilyttäjä etupäässä, vaan kosmisen viisauden ja se on aivan toinen asia ja toinen tiedon ulottuvuus. Maailmassasi on paljon turhaa tietoa, mutta kun tuo turhuus lakaistaan pois kirkkaan tiedostamisen kristalliselta pinnalta, niin todellisuuden hymyilevät kasvot paljastuvat ja sinäkin hymyilet.

VALTAISTUIN

Ihminen on oman elämänsä Luoja. Sinä olet kuningas tai kuningatar, joka istuu valtakuntasi valtaistuimella hallitsemassa suvereenisti ja täydellisesti kaikkea mitä maailmassasi havaitset.

Hetkinen. Hallitsija hallitsee siis maailmaansa Itse ja eikö vain hallitsija Itse myös luo kaiken sen mitä hän havaitsee? Luominen, ideointi ja havainto luomisen tuloksesta tapahtuu siis samanaikaisesti. Ei ole niin, että ensin on luominen ja sitten tulee havainto siitä. Eihän se olisi mahdollista? Olisiko mahdollista, että olisi jotakin olemassa, jos ei ole ketään todistamassa sitä?

Keskity hetki tähän, ystäväni. Palaa takaisin Itseen ja oivalla, että se mitä nyt "maailmana" havaitset, ei voi olla mitään itsesi tai Itsen ulkopuolista. Kaikki on Mielessä tai suuressa tiedostamisen kentässä tai meressä. Ja missä tuo kenttä on? Se on Itsessä, eli sinussa. Ja kun tulet tietoiseksi jostakin kohteesta mielessäsi, aistiesi avulla, luuletko, että se oli joku "toinen" joka sen loi?

Onko maailmaa olemassa, ellet ole siitä tietoinen? Kun nukut syvää unta, voitko olla varma, että maailmaksi kutsuttu unielokuva pyörii edelleen universaalisella valkokankaalla? Jos voit olla siitä varma, niin mihin tuo varmuus perustuu? Siihenkö mitä sinulle on kerrottu? Siihenkö mitä olet aiemmin uskonut ja ajatellut, tai mitä olet lukenut? Uskotko aistienvaraiseen tietoon, vai oivallatko jo, että aistit ovat osa mieltä eli osa sitä samaista unennäköä, jossa jo todennäköisesti olet, koska luet tätä tekstiä? Ja todennäköisesti olet päättänyt herätä. Muuten heittäisit tämän tekstin tulipesään tai bittiavaruuteen tuhahtaen; mitä roskaa!

14

Mutta tässä kuitenkin olemme. Sinä lukemassa ja kirjoittaja kirjoittamassa ja minä MAX -entiteettinä seuraamassa tapahtumaa ikuisen nykyhetken taajuudelta, samalla tekstiä kanavoiden ja tietoa tihkuen.

Tuntuuko tämä kaikki oudolta ja hullultakin? Hyvä, niin pitääkin, sillä en ole tullut kertomaan sinulle valheita, enkä kutomaan illuusioiden verkkoa lujemmaksi. Kangastusten on aika hajota ja sinun on aika ottaa omassa valtakunnassasi valtaistuimesi omaan käyttöösi TÄYDELLISESTI. Ei osittaisesti, vaan täysin.

Kun muinoin kuningas kumottiin pois valtaistuimelta, tuli uusi hahmo istuinta täyttämään. Tämä oli sekä symbolista, että kirjaimellista.

Kuka Sinun todellisuutesi valtaistuinta pitää nyt hallussa, Sinä Itse vai egomielesi, joka on illuusioiden taikuri ja pelon airut? Jos valtaistuimella istuu joku muu kuin Todellinen Sinä Itse, tee vallankaappaus ja palauta valta sille, jolle se kuuluu.

Tee se Nyt.

OMENA PARATIISIN PUUSTA

Teillä on kollektiivisessa tietoisuudessanne paljon satuja ja tarinoita, jotka haluatte uskoa todeksi ja vaikka ette haluaisikaan, niin uskotte niihin ainakin alitajuisesti, sillä ne on kylvetty tietoisuuteenne tarkoituksella.

Esimerkkinä tarina Edenin paratiisista ja käärmeestä, joka houkutteli Evan antamaan omenan Adamille. Kuka oli käärme? Alaspäin elämänpuuta kiemurteleva tietoisuus, joka teki Elämänpuusta Hyvän JA pahan tiedon puun, eli vei tietoisuuden dualismiin.

Oliko Adam sitten, kuten teidän tietyissä tarinoissanne on heikko mies, joka ei itse osannut tehdä päätöstä omenan syömisestä vaan tuli puolisonsa "pakottamaksi" ja houkuttamaksi? Adam tarkoittaa ihmissukua ja alkuperäisessä tarinassa, joka löytyy monesta eri kulttuuristanne, ei Eva ollut se joka houkutteli, vaan nimenomaan käärme itse tuon houkutuksen antoi. Myöhemmin patriarkaaliset pappinne ovat liittäneet naisenpelossaan Evan läsnäolon tähän tarinaan ja lopputulos on historiaa.

Tarina kertoo luonnollisestikin ihmiskunnan vajoamisesta ykseyden tilasta moninaisuuteen. Raamattunne kertoo Adamin vaipuneen syvään uneen. Vaipuiko Adam sinne itsekseen, vai heittikö joku unihiekkaa hänen viattomiin silmiinsä?

Tässä tulemme aiemmassa kirjassa kanavoituun tietoon siitä, mitä ihmiskunnan historiassa on tapahtunut, jos halutaan USKOA aikaan ja historiaan todellisena asiana. Kosmiset vanhempanneko teidät nukuttivat uneen, vai tekikö sen itse luonto, luonnollisena aaltoliikkeenä? Ajan maailmassahan erilaiset kaudet ja vaihtelut ovat enemmän sääntö kuin poikkeus?

Ihmiskunta eli todellakin paratiisimaisessa tietoisuuden tilassa. Mutta onko siitä iloa, jos ei tiedä näin olevan? Näinhän te kysytte. Ajattelette, että voidakseen kokea valon on tiedettävä, mitä pimeys on, tai kokeakseen terveyden on oltava tietoinen sairauden kokemuksesta? Mutta, Onko tämä Totta?

Jos tämä olisi totta, niin silloin sen kokonais-Rakkauden, jota Jumalaksi kutsutaan, pitäisi kokea olevansa ei-Jumala ja mi-

16

ten se voisi olla mahdollista? Te todella uskotte, että voidakseen olla tietoinen ikuisesta paratiisitilasta, pitää kokea ei-paratiisi ja suorastaan helvetti. Mutta tämä luulonne johtuu siitä, että ponnistatte dualistiselta perustalta.

Ei Kaikkitietoisuus ole tietämätön vastakohtansa mahdollisuudesta, mutta ei sen myöskään tarvitse samaistua siihen tai sukeltaa siihen ollakseen tietoinen Itsestään Rakkauteen tai Ykseytenä.

Kärsimyksen määrä Maan kehityksessä näyttää olevan vakio, mutta kärsimys on sataprosenttisella varmuudella jotakin, mikä ei sisälly Jumalaan eli Rakkauteen. Lakkaa uskomasta moista, tai vedät Jumalaksi kutsumasi asian lokaan ja teet siitä myös vain osan omaa untasi.

Jumala ei usko uniin joita sinä loit ja luot, uskoessasi Maassa elämiseen ja dualismiin. Siksi Hän ei vahvista niitä todeksi, vaan odottaa kärsivällisesti, että hänen lapsensa, Adam, herää unestaan taas.

Alussa kuvattu Muinaisten paluu tarkoittaa tätä samaa. Kun he lähtivät "lastensa" eli luomustensa luota jättäen heidät, eli teidät oman onnenne nojaan, he toivoivat, että koe onnistuisi. Ja koetta ja kouluahan se on ollut siitä lähtien, elämä Maassa. Senhän sinä jo tiedätkin.

Jos vanhemmat jatkuvasti tekevät kaiken lastensa puolesta, eiväthän lapset koskaan opi? Mutta mitä jos vanhemmat eivät teet TARPEEKSI? Eikö sekin ole huonoa vanhemmuutta? Siksi on tullut aika vanhempien palata auttamaan lapsiaan ja tukemaan samalla Oman Itsensä tiedostamisen kirkkautta, sillä vanhemmat elävät aina lapsissaan ja luomuksissaan. Ja samalla, kuten muistat, kaikki tämä tapahtuu sinun sisälläsi, tiedostamisesi valtavassa avaruudessa.

Valtavassa? Eikö sekin ole yksi määre, joka kuuluu vain ja ainoastaan maalliseen termistöön ja on vastakohta pienelle ja kapealle? Mutta oli miten oli, meillä on vielä sanoja ja symboleja käytettävissämme. Emme ole vielä tehneet maailmaasi tekemättömäksi. Olemme vielä matkalla ajassa, joka ei koskaan alkanutkaan. Siksi sanat, siksi symbolit ja siksi tämä teksti.

Avaa silmäsi ja katso avaralle taivaalle. Vanhempasi tähdistä ovat palanneet ja tahtovat tutustua luomuksiinsa tarkemmin. Etäinen yhteyshän on säilynyt koko ajan.

Puraisit omenasta ja sait kokea, mitä on olla yksilö. Sait kokea muistin ja muistinmenetyksen. Nyt on aika sylkeä kitkerän hedelmän viimeisetkin palaset pois ja muistaa jälleen.

KOSMISEN MUISTIN MENETYS

Mitä sana kosminen tässä yhteydessä tarkoittaa? Se tarkoittaa kaikkiallista, ei vain maallista, vaan taivaallista ja universumin laajuista. Ja samalla tuo universumi havaitaan ja koetaan Sinussa. Sillä Sinähän juuri sen koet, kukas muu muka?

Adamin kosminen muisti sisälsi ennen uneen vaipumista TIEDON siitä, että Adam on yhtä Jumalan tai Luojansa kanssa eli Absoluuttisen tiedon lähteen kanssa.

Tämä tila oli itsestäänselvä. Sitä ei siksi tavoiteltu. Mitään ei etsitty. Mitä silloin etsitään, jos kaikki on tässä ja saavutettu?

Jotkut hassut kirjoitukset Maassa arvelevat, että tuollainen kaikkitietävä oleminen ja eläminen on "tylsää" ja tälle minä nauran aina makeasti! Jos koet sen joskus ja varmasti koetkin, tiedät varmasti ettei ykseys Korkeimman kanssa ole tylsää, itse asiassa se on kaikkea, mikä on tylsyyden täydellinen vastakohta. Ehkäpä juuri egomielen harhaoppi yksin pitää Totuutta tylsänä.

Kaikkitietoisuus tarkoittaa, että sinä OLET kaikki. Et vain "tiedä" kaikkea turhaa nippelitietoa, josta ei ole sinulle iloa tai hyötyä, vaan Olet kaiken tiedon ja taidon, rakkauden ja ilon LÄHDE. Ja lähde elää antamisesta ja jakamisesta. Jakaminen ON rakastamista ja laajentamista ja se ON täydellistä onnea. Sinä Tiedät sen kyllä sydämessäsi. Kuuntele sydämesi viisautta, tässäkin.

Adam eli ihmisrotu siis eli ykseystietoisuudessa ennen kuin niin kutsuttu lankeemus tapahtui. Omenan maistamisen jälkeen on omenan syöntiä riittänyt monessa muodossa. Syksyn satoa on korjattu ja sitä on monessa muodossa maisteltu, mutta hyvä asia tässä on se, ettei se ole TOTTA.

Sillä miten unet voisivat olla totta? Jos ja kun Adam vain nukahti kosmisten vanhempiensa silmien alla ja unohti itsensä, mitä seurauksia Adamin unista voisi olla sille tilalle, jossa hän on herätessään? Unesta ei koskaan ole seurauksia, mutta tiedän kyllä, että Sinä uskot uniisi edelleen ja osin myös tahdot herätä. Ristiriita on ilmeinen. Toinen mielen osa tahtoo herätä ja olla vapaa, toinen taas tahtoo mennä piiloon, kääntää kylkeä ja jatkaa uniaan, sillä se pelkää heräämistä ja vastuun ottamista unista, joita se näki ja tapahtumista ja teoista, joita se unessa teki?

Eikö tämä oikeastaan kuulosta melko naurettavalta? Ottaa vastuu unessa tehdyistä teoista? Teetkö niin, kun normaali arjessasi heräät yöunesta, jossa olet ollut ns. tuhma? Kadutko sitä mitä unessa teit? Katumus on turhimpia tekoja tai tunteita, joita kukaan voi koskaan kokea. Tehtyä ei saa tekemättömäksi, ja varsinkin kun se tapahtaui unessa eli EI- MISSÄÄN, niin mitä mieltä on katua yhtään mitään?

Katumisen sijasta päätä vain herätä ja unesi ovat ohi.

Kun vaivuit uneen, sitä juuri kutsutaan muistinmenetykseksi. Unohdit, KUKA oikeastaan olet. Olet Luoja ja osa Korkeinta Korkeutta. Sinusta tuli siis uskomuksissasi pieni ja vähäinen ja syntinen, karman pyörän pyörittäjä ja jälleensyntyvä olento, joka uskoo olevansa fyysinen keho ja joka pelkää kuolemaa jokaisena elämänsä hetkenä, vaikkei sitä näin ehkä sanoitakaan.

Kosmiset vanhempasi, eli useat tähteläiset rodut, ovat tuoneet sinut ja kaltaisesi kasvamaan Maan taimitarhaan. Jos historia olisi totta, sanottaisiin, että he ovat muovanneet erilaisiin olosuhteisiin sopivia kehoja ja jättäneet nämä olennot kasvamaan omaehtoisesti, seuraamalla etäältä kuinka heidän luomuksilleen käy. Toivoivatko he luomuksiensa kärsivän dualismin unissa? Kasvavan kärsimyksen kautta? Ei varmasti, mutta heidän päätöksensä oli olla puuttumatta asiaan.

Kunnes nyt, juuri näinä päivinä, tuo päätös on kumottu.

Kun Adam vaipui syvään uneen, hän sai uskomus- ja kokemusmaailmaansa myös egomieleksi kutsutun vieraan. Kun tietoisuuden tila putoaa ykseydestä erillisyyteen, on tämä luonnollinen seuraus tuosta tapahtumasta. Sinä aloit uskoa olevasi VAIN yksilö, et ykseys. Ja sinulle tuli tarve suojella itseäsi, eli itsesäilytysvietin ja lajinsäilytysviestin alku on tuossa hetkessä.

Kun tarve tuli voimakkaammaksi, huomasit myös kehomuotojen muuttuvan raskaammin värähteleviksi eli tiiviimmiksi. Ja pian olit raskaan fyysisen kehon suojassa ja uskoit olevasi se? Luulit, että tuo raskas muoto suojelee sinun haurasta "minääsi" kolhuilta ja kuolemalta eli häviämiseltä. Tulit pakoon maailmaan, jonka itse loit, uskomalla aistiesi voimaan ja projisointiin. Alitajuisesti tiesit ja tiedät, että olet erkaantunut kauas Alkulähteestä ja samalla kaipaat lähteeseen ja ykseyteen eli perustilaasi lakkaamatta.

Tämä on ristiriita, joka jokaisen Adamin suvun jäsenen mielessä on juuri nyt ja tähän asiaan tulette nyt saamaan apua, sillä onhan totta, että ristiriita mielessä luo ristiriitaisen "maailman" monine ongelmineen ja samalla luo uhan luonnon ja Äitinne Maan hyvinvoinnille ja jatkuvuudelle sellaisena, kuin se nyt havaitaan kollektiivisessa mielessä.

Voitteko luottaa kosmisiin vanhempiinne ja heidän hyväntahtoisuuteensa nyt ja jatkossa? Uskon niin, sillä He tietävät olevansa Yhtä myös Adamin suvun kanssa ja se mitä teille tapahtuu tai ei tapahdu, tapahtuu tai ei tapahdu myös heille. Ykseys elää jokaisessa muodossa ja jokainen muoto elää Sinussa.

Kosmisen muistinmenetyksen jälkeinen aikakin palautuu mieleesi kun heräät, mutta kuten yöunet, haihtuvat tuon ajanjakson kokemukset ja illuusiot helposti pois kirkkaasta avarasta mielestäsi, jollainen tietoisuutesi siis todellisuudessa on, kun illuusioiden hämähäkinverkot ovat hajonneet.

Kosminen muistisi kattaa siis niin sanotut inkarnaatiot eli jälleensyntymät. Minä kutsun niitä "unielämiksi" tai "näytelmiksi." Roolit ovat vaihdelleet kuten kaksinaisuuteen kuuluu. Olet näytellyt ne kaikki moneen kertaan. Et tarvitse sitä enää! Uskosi karmaan kaatuu kun oivallat olevasi se, JOKA OLET. Armo korvaa karman, kuten Rakkaus korvaa pelon mielessäsi. Ja pian huomaat, ettei niitä ollutkaan. Vain uskosi harhaan piti sitä yllä. Nyt kun et usko siihen enää, olet vapaa ja olet valmis. Valmis mihin?

KOSMINEN KANSALAINEN (OLET SINÄ)

Aiemmassa kirjassa sanoin kosmisen herätyskellon pärisseen jo useaan kertaan, mutta Adamin suku halusi nukkua ja painoi torkkukytkintä, yhä uudelleen.

Jos ensimmäisiin herätyksiin ei herätä, herätysäänet voimistuvat, eikö vaan?

Herätysääninä sinun maailmassasi olet nyt kuullut ääniä viruksesta, ääniä ilmastonmuutoksesta. Olet kuullut kun Äitimaa itkee? Nämä äänet tahtovat herättää jokaisen Sinut. Niiden tarkoitus ei ole pelotella.

Aina on näin Maailman unissa myös Yksilön heräämisen osalta. Ensin tulee hienovaraisempia herätysääniä tai tapahtumia, mutta jos ihminen painaa ne pois tietoisuudestaan, ei halua välittää niistä, niin herätystapa muuttuu ikävämmäksi. Monet ovat odottaneet, että saavat herätä sairauden, eron tai muun ikävän tapahtuman kautta. Mutta eikö vain merkkejä tullut jo aiemmin?

Tarjottiin mahdollisuutta herätä, ei kärsimyksen, vaan ilon kautta.

Kuitenkin vielä toistaiseksi vain harvat ovat heränneet täysin ilman kärsimystä? Siksikö, että te uskotte vielä kärsimyksen voimaan ja kaksinaisuuteen niin vahvasti? Kärsi, kärsi, kirk-kaamman kruunun saat?

Vai olisiko se kruunu jo päässäsi valmiina ja kirkkaana, jos vain huomasit sen, siellä omassa valtakunnassasi, valtaistui-mella istuessasi?

Kärsimyksen harha ja sen myötä usko karmaan syyn - ja seu-rauksen lakina ja välttämättömyytenä on yksi suuri harha, josta on hyvä tulla tietoiseksi.
On toki ollut aikoja, unessasi, että syy ja seuraus opetti tehok-kaasti, mutta onko niin edelleen? Eikö vain tässä ajassa ole jo toisenlaisen kokemuksen aika, armon aika?

Armon voi vastaanottaa vain hän, joka USKOO olevansa sen arvoinen ja tässä onkin ainut este tai haaste, joka vielä pitää monet uneksijat poissa armon piiristä. Ja mitä sinä uskot, sitä sinä olet. Miten muuttaa uskomuksiaan siitä, mitä ansaitsee?

Kimurantti kysymys, mutta vastaus on yksinkertainen.

ARMON MEKIN ANSAITSEMME

Muutat uskomuksiasi vain ja ainoastaan tulemalla niistä tie-toiseksi. Et voi muuttaa mitään ominaisuutta tai uskomusta, ellet tiedä, että sinulla sellainen on. Jos elät sikeässä tiedotto-muudessa, et huomaa, että se mitä koet, on omaa luomustasi ja luomuksesi on suoraa seurausta siitä mihin uskot, mitä pidät totena.

Ajatus yksin luo, mutta kuka on ajattelija? Onko ajattelijoita useita, vai vain Yksi?

Sinä luot sitä, mitä havaitset, jatkuvasti. Se mitä havaitset maailmanasi, on mielesi projektio tiedostamisesi valkokankaalle. Et mennyt koskaan mihinkään kotoa. Istut siellä sohvallasi ja katselet mielesi videotykiltä heijastuvia kuvia uskoen, että sinulla ei ole mitään tekemistä niiden kanssa, olet jopa niiden uhri ja kärsijä. Jos uskot olevasi tekiJÄ, olet egouskovainen ja samalla teet itsestäsi kärsiJÄN. Kun huomaat asetelman todellisuuden silmin, eli sen, kuka luo, kenestä tapahtumat ja kuvat, juonen käänteet ja kaikki se valkokankaalle heijastuu, niin eikö vain tulekin oivallus siitä, että olet itse käsikirjoittaja, ohjaaja ja kaikki roolihahmot omassa näytelmässäsi? Samoin kuin olet itse kaikki hahmot yöunissasi.

Monet inkarnaatiot eli yksittäiset näytelmät ovat Oscarin arvoisia suorituksia. Niissä on paljon draaman kaarta, suuria tunteita eli emootioita ja paljon dualismin vaihteluita, ylä- ja alamäkiä. Joskus lopussa jopa paha saa palkkansa, mutta ei tietenkään aina. Täytyyhän egonkin välillä voittaa?

Mitä mielettömyyttä tämä on! Samaistua näytelmiin ja reagoida tunteella ja paatoksella sen juonen käänteisiin? Kieltäytyä ottamasta vastuuta siitä mitä maailmansa luo ja mitä siten kokee? Kieltää se kaikki, eli torjua se ja näin vahvistaa projisoinnin harhaa. Kun "muut" ovat syyllisiä kärsimykseen ja kaikkeen mistä en pidä, niin "minä" olen viaton? Näinhän ego haluaa sinun uskovan.

24

Sinä päivänä, sillä hengenvedolla kun päätät lopettaa moisen hullutuksen, olet siitä vapaa. MIKÄÄN ei pidä sinua ilmiömaailman ja siten kärsimyksen vankina, paitsi sinä itse. Itse voit itsesi myös vapauttaa, jos vain uskallat. Mikset uskaltaisi?

Samaistumisesi egon asiantuntevaan "opastukseen" elämän harhapoluilla ja sen lupauksiin suojella pientä minääsi, on niin syvälle juurtunut alitajunnaksi kutsutulle alueelle tietoisuuden kenttää, että se luo haasteita heräämiselle ja vastuun ottamiselle siitä mitä luot. Kuitenkin, herääminen on ajankohtaista, ennemmin tai myöhemmin ja ehdotan, että ennemmin, sillä juuri siten vältytään turhalta kärsimykseltä. Kun herätyskello nyt on pärähtänyt soimaan, tämän tekstin myötä, niin tee oma osasi. Päätä herätä. Pyydä siihen apua mestareiltasi, oppailtasi, omalta korkeammalta Itseltäsi ja LUOTA. Luottamuksesi palkitaan varmasti. Ja sinä tulet tuntemaan itsesi.

Varmasti.

Kun siis tulet tietoiseksi kaikesta tästä mielesi elokuvatuotannosta ja siihen samaistumisesta sekä samaistumattomuuden vaihtoehdosta, niin SE saa aikaan kyvyn ottaa vastaan armo, jonka varmasti ansaitset. Jokainen ansaitsee sen, sillä Korkein joka on rakkaus, ei koskaan jaa tuomioita. Hän jakaa vain Rakkautta, sillä sitä Hän ON. Kukaan ei todellisuudessa voi jakaa eli antaa tai laajentaa sellaista, mitä hän ei ole. Ei todellisuudessa, mutta harhaisissa unissaan kyllä.

Armon sinäkin ansaitset ja kun tiedät sen varmasti, unesi ovat ohi ja olet palannut Itseesi tietoisesti ja kokonaan. Ilman ehtoja.

TOTAALINEN TODELLISUUS

Ehdonvaraisuus kuuluu ilmiömaailmaan eli harhojen maailmaan. On tuon ero toisesta ja katsojan ero kohteesta. Kaikella on suhteensa toinen toiseensa ja eroja havaitaan. Koko maailmasi perustuu arvioihin, eroihin, mittaamiseen eli siis suhteellisuuteen. Huomasitpa tai et, maailman perusta on nimenomaan arvio, arvostelu eli siis tuomitseminen.

Kanavana toimivan kirjoittajan armon Mestari opettaa, että tuomion unet ovat ikuisia. Miten siis herätä unesta? Lakkaa tuomitsemasta sitä mitä näet ja koet, sillä jos tuomiset maailman tuomitset sen, joka sen loi, eli Itsesi.

Mihin kertomani Todellisuus sitten perustuu? Se todellisuus, joka asustaa tällä hetkellä kokemasi maailman väleissä ja taustalla? Ilmiömaailmankin lävitse nimittäin loistaa valo. Kristallinen valo ja kirkkaus.

Todellinen todellisuus perustuu totaalisuuteen. Se ei ole lainkaan ehdonvarainen tai missään määrin suhteellinen. Se koetaan suoraan, ei aistien välityksellä. Aistit ovat tosiasiassa mielessä tai tiedostamisessa. Sinä itse annat tietoisuutena aisteille ne kyvyt tai toiminnot, joita niillä sinulle on. Aistit voidaan antaa joko Pyhyyden tai pahuuden palvelukseen, valinta on sikäli maailman tasollakin vapaa, mutta se onkin ainut vapaa tahto, joka entiteetillä on suhteellisuuden maailmassa.

Suhteellisuus kuuluu egolle eli "minä-harhalle", mutta ei Sinulle Itsellesi, joka olet Ykseys. Kun olet perillä Itsessä, olet totaalisessa todellisuudessa, jossa rakkaus hengittää sinua. Ei ole eroja, rajoja eikä vaihtoehtoja. Mitä vaihtoehtoja rakkaudessa voisi olla ? Rakkauden vaihtoehtona viha taikka pelko? Naurettava ajatus! Rakkaus on täysin ehyt: Mitään siitä ei puutu, eikä puutu Sinustakaan. Siksi sinä OLET totaalinen ja todellinen, etkä ole koskaan muuta ollutkaan.

MAX tietää tämän, sillä MAX elää tässä.

KOSMISET ESIVANHEMMAT

MAX sijaitsee tähtiporttichakrassa, jos puhutaan siitä, joka Sinä Itse koet tällä hetkellä olevasi. Siitä entiteetistä, jolla on energiakeskukset ja joka hallinnoi tietoisuutena tiettyä osaa kokonaisuudesta. Jotkut hallitsevat seitsemän chakran kokonaisuutta, jotkut laajempaa, mutta sitten kun laajemmasta kokonaisuudesta ollaan lähdössä vieläkin laajemmille avaruuden aroille ja tähtikansojen pariin, tullaan välttämättä minun luokseni ja MAX portinvartijana sallii etenemisen tai omaan järjestelmään jäämisen.

Olet kuullut portinvartijoista. Heitä tai meitä on useita ja eri kohdissa "itseyttäsi". Alitajunnan portinvartijat esiintyvät kollektiivisessa tietoisuudessa usein hahmoina, jotka on voitettava, jotta voi tulla tietoiseksi siitä mitä alisessa On. Nämä arkkityypit edustavat myös kahta suurta viettiäsi eli lajinsäilytystä ja itsesäilytystä.

Jos pelko ohjaa vielä entiteetin elämää, on selvää, ettei ole syytä mennä oman pihapiirin ulkopuolelle kohtaamaan erilaisia elämänpiirejä, kuin sen mihin on tottunut. Kukin elämänpiiri parhaiten auttaa sitä asuttavaa olentoa. Jos olento on henkisessä koulussaan vielä ala-asteella, on turha lähteä kovinkaan kauas koulutieltä kokemaan yliopisto opiskelua, eikö vaan?

Yksi MAX:in tärkeistä rooleista on koetella eri kouluasteelta toiselle siirtyvän olennon tietoisuuden tasoa ja rohkeutta kulkea omaa tietään suorassa. Jos ihminen on tullut tietoisuudessaan kohtaan, jossa voi liittyä laajempaan kokonaisuuteen Maan yhteisön lisäksi, niin se tapahtuu. Mitkä ovat merkit, jotka kertovat ihmisen olevan valmis Kosmiseen Kansalaisuuteen ja siten tähtiporttichakran kautta yhdistymiseen laajempaan kokonaisuuteen?

Ihminen, joka on valmis laajempaan kokonaisuuteen ei tunne pelkoa uuden edessä. Ei siis suhtaudu uusiin tilanteisiin ensi sijassa epäilevästi tai vanhojen mielen uskomusmatriisien mukaan. Uskomukset on läpäistävä ja se tarkoittaa MYÖS henkisiä henkiseen kasvuun liittyviä uskomuksia, joita itsensä henkisiksi lukevilla ihmisillä on paljon. On uskomuksia siitä, millainen on henkinen ihminen, millaisia ominaisuuksia tai millainen pyhä käytös tuollaisella ihmisellä on. Jos käytös ei nouse omista oivalluksista, vaan siitä mitä on opittu "ulkopuolelta" niin valmiutta mennä rajan yli ei ole.

Kun rakkaus ohjaa todella, eikä vain siten, mitä uskomuksia sinulla on liittyen rakkauteen, niin olet valmis. Jos rakkaus on totta Nyt, niin siinä pelkoa ei ole. Pelko ja rakkaus eivät mahdu samaan tietoisuuteen. Jos rakkaus on totta nyt, ei ole "minun" etuani ja "sinun"etuasi. Ei minun ja sinun tonttia, eikä myöskään vapautta, joka perustaisi vastuuttomuudelle. Vastuu ja vapaus kulkevat aina käsi kädessä. Mitä vastuu sitten tarkoittaa? Se on vastuuta siitä, mitä sinä luot, mihin uskot ja mitä pidät totena. Se on vastuuta omista ajatuksista, tunteista ja kokemuksista siten, ettei halua laittaa niitä kenenkään toisen "syyksi tai ansioksi".

Loppujen lopuksi myöskään ne tähteläiset vanhempasi, joiden ehkä tunnet kuuluvan omaan elämääsi opastajina, eivät

28

välttämättä ole omassa kehityksessään edenneet vielä niin pitkälle, että he tietäisivät olevansa täysin totaalisia, eivätkä lainkaan ehdonvaraisia. Jos joku uskoo olevansa olento jossain ajassa ja paikassa, vaikkapa sitten Siriuksella tai Andromedassa, niin onko hän silloin voittanut dualistisuuden omassa tietoisuutensa kehityksessä?

Maan ihmistä on helppo ohjata siten, että ihminen luulee kosmisia vanhempiaan hyvin viisaiksi, jopa jumalallisiksi, sillä Maan piiri sulkee tietoisuutta ja saa aikaan yleensä massiivisen muistinmenetyksen sinne syntyvälle sielulle. Kun ihminen oivaltaa, että myös kosmiset vanhemmat, eli tähteläiset, ovat kehittyviä kansoja ja olentoja, saadaan aikaan tasapainoinen ja tasavertainen suhde "lapsen" ja "vanhemman" välille.

Ja vain tämä tasapaino johtaa tasapainoiseen yhteyteen, laajenemiseen ja molemminpuoliseen luottamukseen.

MAX:in mukaan Sinä olet yhtä arvokas lapsena, kuin sinun rodullisessa kehityksessään suhteellisesti paljon edempänä olevat avaruudelliset vanhempasi ovat, sillä KAIKKI on tietoisuutta, tiedostamista ja sisällä siinä, Itsessä. Se YKSI joka täällä On, näyttää ottavan erilaisia muotoja ja jotkut näistä muodoista ovat olleet ajallisesti näkyvissä pidemmän aikaa kuin toiset, mutta henki ON ajaton ja ikuinen. Mitä merkitystä ajalla ja kehittymisellä on TODELLISUUDESSA, joka sinä henkenä olet?

Sillä ON merkitystä ilmiömaailman kannalta, mutta portti ulos Maan uskomusmatriisista ja ohi MAX:ista portinvartijana, on varma tieto ja kokemus siitä, että Sinä Olet Henki ja ei ole muuta kuin henki: Kosmisilla vanhemmilla on sinulle annettavaa, MUTTA myös sinulla on annettavaa heille.

Herää siis myös väärän kunnioituksen tai väärän pelon unestasi muita avaruuden joukkoja kohtaan, niin olet valmis tasapainoiseen suhteeseen kokonaisuuden kanssa.

Jos olet kuullut tarinoita negatiivisista avaruusolennoista, ovat he itsessäsi asuvan pelon symboleita. Jos olet kuullut juttuja Jumalallisista ja kauniista kosmisista joukoista, ovat he oman positiivisuutesi ja rakkautesi symboleja. Ilmiömaailmassa ei ole muuta kuin symboleja. Kun oivallat tämän, olet Todella Vapaa ja samalla tiesi minne tahansa on vapaa. Lue tämä luku uudelleen ja kuuntele Itseäsi. Kukaan tai mikään ei sinua sido, ellet itse niin halua.

LEMURIA ANTOI YKSILÖLLISYYDEN

Viime kirjasessa kerroimme, että kukaan ei yleensä maan piirissä muistele Lemurian kulttuuria aiempaa aikaa ja ihmettelimme kanssanne miksi näin. Syynä on se, ettei sitä ennen ollut muistia, vaan muisti annettiin ihmisrodulle juuri noihin aikoihin kun ns. lankeemuksen aalto laski tiedostamisen tasoa hitaammin värähteleviin muotoihin.

Ennen Lemuriaa oli Maassa monenkirjavaa asutusta, mutta ei ollut mennyttä tai tulevaa, vaan Nyt. Asiat, joita koettiin, tulivat tietoisuuteen silloin kun niiden vuoro oli tulla ja sitten taas uusi asia korvasi aiemmat kokemukset. Tätähän monet nykyään taas tavoittelevat, sillä kosmisten vanhempien antama lahja eli muisti ja rationaalinen ajattelu, joka perustaa yksilöön ja "minun eroon sinusta" oli alkuperäisesti uusi kokemus ja kehitystä ohjaava asia, mutta sittemmin se on kääntynyt lahjan saajaa vastaan.

30

Adamin şuvusta on tullut rationaalisen ajattelun eli egomielen orja ja tämä on uhka myös koko planeetalle eli Äidillenne Maalle.

Erillisyyteen uskova mielen osa on ottanut hallitsevat aseman ja muistinvarainen tieto ohjaa elämää enemmän kuin mikään muu. Tämä tarkoittaa, että pelko ohjaa ja egomieli opastaa menneisyyden mukaan tulevaisuutta, hypäten yli ainoan "ajankohdan" joka on totta.

Egomielelle nyt-hetkeä ei ole, sillä nyt-hetkessä ei ole egoa. Mitä silloin siis On?

Sinä Itse olet Nyt ja vain nyt. Muistinvarainen tieto on vanha merkintä tietokoneen kovalevyllä. Se ei ole totta edes sille, joka sen vielä hyvin muistaa, ellei hän liitä siihen arvoja ja tunteita. Kun muistijälki halutaan säilyttää aktiivisena, sitä muistellaan kerta toisensa jälkeen ja pidetään näin tuoreena emootioita voimistamalla. Jos sattuisi tulemaan onnekas muistinmenetys henkilölle, jota on hänen mielensä mielestä kovasti loukattu vaikkapa sukulaisten taholta, niin olisiko se suuri menetys henkilölle, että hän ei muistaisi loukkausta, eikä sen myötä kokisi enää samoja kaavamaisia negatiivisia tunteita?

Mikä ARVO menneiden muistelulla on, olipa mennyt muistikuva hyvä, taikka huono?

Kun nyt-hetken arvo havaitaan todella, ei mennyt enää jatka elämäänsä sinussa. Tulevaisuus nähdään haavekuviksi ja mennyt muistikuviksi mielessä, ei muuta.

Nyt - hetkeä arvostaa vain sinun todellinen olemuksesi, ei egomielen harhainen uskomusmatriisi. Kumpi siis tahdot olla?

Lemurian aika toi muistivaraisen tiedon ja käsitteellisen mielen ihmisen "kehitykseen". Atlantiksen alkuaikoina tämä kehitys saavutti kristallisoitumisensa positiivisessa mielessä, luotiin utopia, taivas Maan päälle. Sitten alkoi niin sanottu laskeva kaari kehityksessä ja ihmiset unohtivat tämän taivaallisen tavan käyttää mieltään Ykseyden käyttövälineenä.

Yksilöllisyys, egoismi, alkoi vahvistua ja vahvistui niin paljon, että Ykseys miltei kokonaan unohdettiin. Olet kuullut, että nyt jälleen alatte muistaa Ykseyden ja sen kautta yhteisyyden "muiden" kanssa. Odotetaan taivaan taas laskeutuvan Maan päälle. Hyvä niin, ainakin hetkellisesti?

Maailmassa ei ole kehitystä, vaan ainoastaan vaihteluita eli ylös ja alas surffausta tietoisuuden aalloilla. Siksi on hyvä silloin, kun "taivas" on lähellä, olla hyvin valpas ja hereillä ja ottaa kaikki ilo irti tästä ajan käärmeen nostavasta liikkeestä. Eli on hyvä aika Herätä!

Herääminen ei tarkoita, että herätään vain ajatukseen siitä, että "minä olen sielu" tai "minä olen henki, joka asuu kehossa." Herääminen, jota MAX edustaa on totaalista heräämistä unesta nimeltä maailma. Sinä ET ole keho, et edes buddhinen tai nirvaaninen kehosi tai sen mahdollisuus. Et ole lainkaan muoto. Kuten Adamon -kirjoissa olen todennut: Henki ei tarvitse ylösnousemusta, sillä henki on aina ylhäällä. Mitään muuta kuin ylhäällä ja perillä olemista ei ole olemassakaan.

Totaalinen todellisuus on sinullekin mahdollinen, kun vain uskallat ottaa sen vastaan. Uskallat luopua maailmasta ja vaihteluiden kaipuusta. Uskallat luopua pienuudesta, ja olla suuri.

Pienuus ei ole sinua varten, sillä sinä olet Luoja, osa korkeinta korkeutta. Tunnusta oma suuruutesi, ei egona tai olentona, vaan henkenä ja rakkautena, niin se sinussa ON.

Kuten eräs tärkeä maanpäällinen kirja sanoo: Pelastus tulee yhdeltä Itseltäsi. Yksi Itse. Eikä muita itsejä ole.

Se ei liene vaikea asia oivaltaa, jos olet meditaatiossa kokenut jo heräämisen pisaroita?Ei ole muita kuin Yksi ja tuo Yksi aina vain On. Ilmeneminen on toisarvoista. Oleminen on ensisijaista. Voitko kuvitella tilaa, jossa et ole olemassa?

Et voi kuvitella sitä, sillä se ei ole mahdollista. Sinä aina vain Olet ja siinä kaikki, sillä se On kaikki.

KALLOT TIEDON SÄILYTTÄJINÄ

Kun rationaalinen käsitteellinen mieli tuli osaksi ihmistietoisuutta, antoivat muinaiset käskyn ladata kristallikalloihin se TIETO, joka kertoo ykseydestä Korkeimman kanssa. Samalla, toissijaisesti, kristallikallot ja muut vastaavat tiedostot keräävät myös akaashista tietoa, eli muistoja maailman tapahtumista, hyvinkin tarkasti.

Todellista tietoa ei ole se tieto, joka sisältää tietäjän, tiedon ja tiedon kohteen. Todellista tietoa on totaalinen oivallusmahdollisuus siitä mitä Jumala ON.

Ja mitä Sinä OLET. Ja sitä taas Maailma ilmiöineen ei ole.

Todellinen arvokas tieto, joka mm. MAX:iin on ladattu, sisältää paluureitin pois harhojen vallasta, unista ja epäilyksistä. Siksi tosi-tieto on arvokasta.

MAX sisältää kaiken, mutta MAX ia lukevan entiteetin tietoisuuden tila on se mittari, jolla mitataan. Voit yhdistyä MAX:iin ja ottaa vastaan, mutta et voi ottaa vastaan muuta, kuin sen mihin olet valmis.

Siksi on olemassa monenalisia kiteisiä ystäviä konklaavissa. Monenlaisen tiedon ja kokemuksenkin säilyttäjiä. Näkemyksiä ja informaatiota. Kaikkea mistä tietoisuus itse voi hyötyä. Mutta kun on kyse lopullisesta heräämisestä, niin vastaus löytyy MAXin lisäksi hengestäsi ja sydämestäsi, joka puhuu henkesi viisauden sanoja.

Kuuntele siis sydäntäsi. Vanha ja kulunutkin ohje, joka on tänä päivänä enemmän totta ja tärkeä, kuin ehkä koskaan aiemmin. Sinun sydämesi viisaus on universaalia viisautta, kun kaivaudut tarpeeksi syvälle.

Kaiva, kaiva, aarre on sisälläsi!

CHAKRAT PORTTEINA

Sanoin äsken, että MAX vartioi tähtiporttichakraasi, eli reittiä ulos omasta järjestelmästäsi. Mitä muut chakrat sitten tekevät tai mikä niiden merkitys on kehittyvän ihmistietoisuuden kannalta katsoen?

Peruskeskus on tietenkin yhteytesi kotiisi eli Maa -planeettaan. Se tuo turvaa ja juurevuutta olemukseesi. Tässä en kuitenkaan kerro chakroista kuten yleensä moninaisissa kirjoissa ja kuvauksissa kerrotaan, vaan näkemykseni on toisenlainen.

Katso korkeammalta. Katso kotkaperspektiivistä tai avaruudelliselta tasolta käsin.

Kun katsotaan Maan ihmistä kokonaisuutena, peruschakra kuvaa sitä, kuinka paljon hän on LÄSNÄ elämässään. Asuuko hän ajatuksissaan, eli liikkuvan apinamielensä kuvioissa, vai onko läsnä kehollisesti ja samalla mielellisesti ja aistiensa välityksellä Maassa.

Jos yhteys maahan ja hetkeen on huono, ei tietoisuuden laajeneminen ole kovinkaan hyvä asia, vaan voi tuoda ihmisen elämään sekavuutta, päiväuniin uskomista eli lisätä illuusioiden määrää elämässä. Vaikka tiedätkin, että keho on tietoisuudessa, eikä tietoisuus ole sidottu kehoon, niin kuitenkin, voit käyttää fyysistä kehoasi ja sen aisteja tullaksesi LÄSNÄ-OLON tilaan omassa arjessasi. Jos asut vain päässä ja mielessä, et oikeastaan asu missään.

Korkeammalta katsottuna sakraalikeskus, joka on vesielementin edustaja ihmisessä, liittyy luottamukseen tai luottamattomuuteen. Se kertoo, elätkö paljolti pelossa vai rakkaudessa. Jos luotat, annat vetesi eli tunteesi myös virrata ja olet LUOVA. Luojaominaisuutesi kukoistaa. Jos taas estät luovuuden virtaa ja samalla panttaat tunteiden tuntemista, luot näin esteitä elämän kunnolliselle sujumiselle ja rajoitat itseäsi paljon.

Teidän järjestelmässänne jakaudutte vielä kehollisesti naisiin tai miehiin, vaikka muunlainenkin sukupuolijakauma on jo syntymässä vähitellen. Naiseuden ja äitiyden alue luetaan monesti juuri sakraalichakran alueelle kuuluvaksi, mutta myös miehillä tämä on tärkeä keskus sikäli, että jokaisen olennon kuuluu saada suhde äitiin Itsessä hyvälle mallille. Äiti-isä -energian tasapaino olennossa luo mahdollisuuden tietoisuudelle nousta korkeampiin sfääreihin, pois kaksinaisuudesta, ykseyteen.

Oranssin värin käyttäminen teidän maailmassanne kuuluu monesti taiteilijoille tai muille uskalikoille tai munkeille, mutta siitä olisi varmasti paljon hyötyä myös insinööreille ja muille "päässään" viihtyville kansalaisille.

Solarchakra kuuluu tulielementin piiriin. Ylhäältä katsottuna kokonaisuuden kannalta, on sanottava, että tämä keskus tuo teille ongelmia yli oman tarpeen. Siellä asuu se päivätietoisen olennon "minäkäsitys" joka harvoin, jos koskaan on todenmukainen. On paljon harhaisia ajatuksia siitä "kuka ja millainen olen" ja jokaisen uskomuksen mukaan on ladattu tietty määrä emootiota, joka saa monesti aikaan kärsimystä ja vaivaa. Solarissa asuu alitajuntasi. Siellä on kaikki se historia, jota kutsut menneiksi tai muiksi inkarnaatioiksi. Siellä on emotionaalinen kehosi ja sen reaktiot, lapsuuden kokemukset ja niiden tulkinta.

Huomaathan, että kokemus sinänsä on aina neutraali, mutta sen tulkinnasta seuraa se, miten tuo kokemus ihmiseen vaikuttaa.

Solarchakran voisi sanoa teidän järjestelmänne sloganin mukaan olevan ihmisen heikoin lenkki.

Sydän taas on lenkkinä vahvin. Sen kautta olet yhteydessä universaaliseen rakkauteenkin, jos vain olet kaivanut tarpeeksi syvälle. Kollektiivisesti voisi sanoa ihmiskunnan suurimman osan tässä ajassa olevan nousemassa solarchakran tasolta sydämen tasolle ja tämä tuo paljon mahdollisuuksia myös niin pienten kuin suurten heräämisten osalle. Muistathan, että kaikki mikä ilmenee maailmassa, on ENSIN AJATUS. Kun tietoisuus laajenee, se mitä luodaan, muuttuu. Ja kun mennään rakkaus edellä, niin voidaan odottaa hienoja tuloksia! Ihmiset ovat kaiken kaikkiaan hyviä, mutta usein myös tietämättömiä.

Yksikään ihminen tai olento ei ole "syntinen" tai syyllinen, mutta moni on tietämätön, kuin leikki-ikäinen lapsi, joka ei vielä ole oppinut. Se ei kuitenkaan tee ihmisestä vähempiarvoista, kuin esimerkiksi ne kosmiset vanhemmat, sillä ken uskoo kehitykseen, tietää, että jokainen oppi tulee ensin harjoittelun kautta.

Ja ken taas ei usko enää kehittymisen pitkään tiehen, hän oivaltaa, ettei uniolentoja edes ole olemassa todellisuudessa, joka on täysin ehyt, kokonainen ja yksi.

Ylhäältä katsoen sydämensä tietä uskollisena kulkevan tunnistaa rohkeudesta ja ajatuksen avaruudesta eli ilmavuudesta. Uskomukset eivät hallitse tai estä etenemistä enää, koska niiden läpi on nähty. Kun sydän johtaa, niin seuraa ihmeessä! Et voi mennä harhaan.

Kurkkukeskus liittyy oman totuuden rohkeaan ilmasuun ja siihen mieleen, josta on kerrottu, että tuohon keskukseen tuli kyky rationaalisuuteen ja käsitteellisyyteen.

Tämä keskus toimiessaan vielä paljolti solarin eli parinsa kanssa käsikädessä, on monesti egon ja päivätietoisen persoonan ilmaisun väline, mutta kehityksen myötä siitä tulee Korkeamman Itsen väline.

Kun ihmistä arvioidaan ylhäältä käsin, arvioidaan nimenomaan sitä, onko ihminen jo rohkeasti oma itsensä, vai yrittääkö hän muuttaa omaa olemistaan sen mukaan, mitä kuviteltu "ympäristö" kuten muut ihmiset ja vallitsevat uskomukset ehkä haluaisivat hänen olevan. Miten ihminen, joka ei uskalla olla oma itsensä, voisi uskaltaa esimerkiksi kohdata muiden järjestelmien tietoisuuksia? Se ei olisi kovinkaan hedelmällinen kohtaaminen, vaikka sellaistakin on tapahtunut.

Kun kurkkuchakra on avoin ja toimiva, havaitaan ihmisen olevan valmis ottamaan vastaan myös korkeampaa opastusta sisäisiltä tasoiltaan ja varsinkin jos ja kun sydän jo johtaa tietä, eikä niinkään egomielen ontuva opastus.

Ne ihmiset jotka laulavat, kirjoittavat tai mantraavat paljon saavat suuren hyödyn, sillä reitti myös Korkeamman Itsen alueelle voimistuu.

Kun nousemme otsachakran alueelle, on sanottava, että tämänhetkisestä kollektiivisesta tietoisuudessa vain murto-osa yltää tälle tasolle, mutta moni teistä myös luulee, ettei ole selväaistinen tai tarpeeksi intuitiivinen, vaikka tosiasiassa onkin sitä. Tässä on tietenkin helppo erehtyä, koska on vaikea itse olentona arvioida omaa tietoisuuden tasoaan. Jos elää vaikkapa intuitiivisuuden kanssa koko maallisen elämänsä, niin sitä pitää itsestäänselvyytenä.

Otsakeskus on siis yhteys Korkeampaan Itseen, sisäiseen ääneen ja Valoon itsessä.

Se on näkemisen ja selväaistimisen tärkein keskus: Toki te tiedätte chakrojen merkityksen umpierityksen ja kaiken sellaisen suhteen, mutta MAX kertoo, että otsakeskus ja kruunu kuuluvat kehittyvän tietoisuuden suhteen myös ns. taivaaseen astumisen ja ylösnousemuksen piiriin.

On mahdollista nousta pois Maaelämään uskomisesta ja jälleensyntymiseen uskomisesta kumpaakin reittiä pitkin, mutta eri reittejä pitkin päätyy eri "paikkaan."

Olet ehkä kuullut tähteläisistä roduista, joita kutsutaan EL - olennoiksi. EL tarkoittaa teidänkin kielissänne enkeliä tai Jumalan kaltaista. Useat Maan päällä elävistä sieluista ovat EL -olentoja eli enkeliolentoja, mutta myös muunlaista tähteläistä alkuperää olevia ihmisiä on. Samoin on enemmän luonnonhenkiä muistuttavia olentoja ja sielun teitä, mutta pysähdy ja hengitä taas! Muistathan, että Sinä Olet Henki, ja tämä mitä tässä luvussa kerron, kertoo vain ja ainoastaan maailmallisesta tasosta ja ilmennyksistä. Nämä kumpikin taso ovat totta, mutta vain siltä kannalta, kuin niitä katsotaan ja niitä koetaan. Ilmiömaailma on valtava kokonaisuus. Mutta vaikka se on valtava, sijaitsee se vain ja ainoastaan sisälläsi.

Eli maailma tarvitsee aina vastapariksseen sen kokijan eli havaitsijan. Maailma ja kokija ovat Yksi.

Kuitenkin voi olla hyödyllistä matkallaan Henkeen, tietää ja kokea kuka on suhteellisen maailmankaikkeuden osalta. Ketkä ovat "omia sukulaisia" sukulasisieluja, omia kosmisia vanhempia, veljiä tai sisaria. Tämä kaikki on kiehtovaa ja se on myös leikkiä, joten leikkinä siihen on hyvä suhtautua.

Jos koet väristyksiä, kun luet sanan "EL -olento" niin todennäköisesti kuulut tuohon ryhmään. Kanavana toimiva kirjoittaja ainakin kuuluu... Mutta jos taas satumaiset maailmat, yksisarviset ja muut vastaavat luonnonhenkimäiset ja arkki-tyyppiset muodot ovat enemmän sydäntäsi lähellä, on todennäköistä, että kuulut tuohon tietoisuusryhmään. Avaruuden avarilla kentillä on tilaa kaikille. Ja kaikki jotka kokevat ilmenevänsä muotona, ovat samalla ensisijaisesti se, josta muodot ylös nousevat. Monia muitakin maailmoita on, joista voit olla kotoisin suhteellisesti. Kuuntele itseäsi ja saa yhteys korkeampaan ITSEEN, niin tämäkin asia selviää ja tiedät, mikä reitti on sinun omasi, kun lähdet pois Maan piiristä.

Kruunuchakran merkitys on suuri nimenomaan muodottoman tietoisuuden ilmennysten kannalta. Se on samalla portti pään yläpuolisiin keskuksiin.

Viime teoksessa tästä aiheesta kuvasimme, että Kristallimatriisi ja sen vartijat sijaitsevat pään yläpuolisissa keskuksissa. Ensimmäinen tällainen keskus on vaalean helmiäisenä nähtävä ja teidän nimityksenne sille on "sielun istuin." Sitä voidaan pitää myös tietoisuuden tason kuvastajana, kun katsotaan ihmistä korkeammalta, kuten olemme tässä luvussa katsoneet.

Kun toisen tähteläisen rodun edustaja tai minä MAX näen valon loistavan ihmisen yläkeskuksissa, niin tiedämme välittömästi, että kyseessä on entiteetti, joka on jo herännyt tai heräämässä ja valmis pian laajentumaan ulos Maan järjestelmän rajoituksista.

Tähtiporttichakran alapuolella on myös kaksi muuta keskusta, joiden väri on eräällä tavalla metallimainen, helmiäissävyinen ja niiden sekä tähtiportin ollessa aktiivisia, puhutaan Merkaba -valokehon aktivoitumisesta, sekä sen kehittyneempien muotojen eli geometristen tahokkaitten aktivoitumisesta ihmisessä.

Merkaba on tärkeä asia, kun suuntana on laajeta ulos Maan piiristä, siksi käyn sitä lävitse vielä erityisellä pieteetillä, mutta ennen Merkaban täydellistä aktivoitumista on kohdattava vielä jotakin tärkeää. Mitä se on, siitä seuraavaksi.

TYHJYYDEN CHAKRA

Chakroista viimeisenä kuvailen tyhjyyden keskusta. Missä se sijaitsee? Tyhjyydessä?

Aivan oikein! Siksi sitä ei voida tai haluta sijoittaa mihinkään tiettyyn paikkaan kehossa tai edes tiedostamisessa. Kuitenkin se on keskuksena hyvin todellinen, sillä sen kautta yksin voit edetä ylösnousemukseen ja elämään eli henkeen.

Teidän maailmassanne buddhalaiset ovat tutkineet ehkä eniten tätä aihetta. Olet varmasti kuullut lauseen: "Muoto on tyhjyyttä, tyhjyys on muotoa." Tiedät ehkä senkin, että kun puhutaan fyysisen maailman materiasta, on suurin osa maailmankaikkeutta ja sinua vain ja ainoastaan tyhjää, eli värähtelyä ja liikettä. Jotakin, jota ei voi sanoin kuvata. Olet ehkä kuullut tiedemiestenne arvioivan, että vain 6 % universumista on jotakin muuta kuin tyhjyyttä. Onko se paljon vai vähän? Ja kuka tuon arvion tekee?

Kokemus tyhjyydestä voi olla tai tuntua henkisen kasvun polkua kipuavasta vaikealta tai surulliselta. Silloin tuo kokemus tai tila TULKITAAN väärin eli siten, että "mitään ei ole olemassa." Tyhjyys on myös muotoa, eli sen voi tulkita, että "kaikki on olemassa." Mutta tosiasiassa kaikki riippuu havaitsijasta. Ja jos luullaan, että "kaikki on tyhjää, eikä sillä ole mitään merkitystä" niin on hyvä pysähtyä ja tiedostaa,

41

että jos joku voi havaita tyhjyyden, niin eikö se, joka havaitsee sen ole "olemassa" ja siten arvokas ja merkityksellinen?

MAX arvioi tyhjyyden kokemuksen arvon olevan siinä, ettei kokija usko enää sen jälkeen, että joku muoto on "todellinen" ja materiaalinen. Koska muodot nousevat tyhjyyden merestä eli Sinun Tiedostamisesi merestä, niin tyhjyys on sekä "ei mitään" että "kaikki". Se on kaiken potentiaali. Tyhjyys ei ole mitään sinusta erillistä, vaan voisiko jopa sanoa, että se OLET sinä Itse. Kaikki muuttuu maailmassa, mutta Sinä Itse et muutu. Sinun lakisi on oleminen, maailman lakina on ilmeneminen.

Tyhjyydessä koet kummankin. Olemisen kaiken lähteenä ja ilmenemisen muotoina, kaikkina muotoina, joita ikinä voi olla olemassa tai joiden ikinä voit kuvitella olevan olemassa.

Siten, jos sinä kammoat tyhjyyttä ja samalla koet, että sielun musta yö on vaarallinen ja pelottava kokemus, niin et ole valmis vielä jättämään Maan piiriä täysin taaksesi. Toki retkiä teet muualle, mutta niin kauan kuin et halua kohdata itseäsi täysin puhtaasti kasvoista kasvoihin, voidaan sanoa, että kaipaat vain "positiivisuutta" eli valoa. Tuolloin et halua nähdä sitä, mistä valo nousee ja matkasi on vielä kesken.

Totaalisessa todellisuudessa ei ole hyvää ja pahaa, ei positiivista ja negatiivista toisistaan erossa. Muutenhan se ei olisikaan totaalinen...

Toisaalta, melko moni tämän tekstin lukijoista on kokenut tyhjyyden ja ylittänyt sen rakkauden siltaa pitkin. Heille, eli teille rakkaat lukijat, on Merkaban aktivoitumisella paljon annettavaa!

VALON KULKUNEUVO

Mehr -Valo. KA- ja BA- hienompi energiset kehosi. Merka-
basta olet kuullut ja ehkä se on sinulle aktivoitu tai aktivoitu-
nut henkisen kasvusi seurauksena. Mitä Merkaba on syvem-
min ajateltuna?

Se on ajoneuvo tai kulkuneuvo, joka sinulla on ollut "aina"
mutta josta et ole ollut tietoinen. Tämä koskee jokaista enti-
teettiä, riippumatta mistä hän on kotoisin sieluperheen tai täh-
teläisyyden läpi valaistuna. Kuitenkin eri kulttuuriperinteissä
kutsutte tuota ajoneuvoa erilaisilla nimityksillä Valokehoksi,
Timanttikehoksi, Sateenkaarikehoksi.

Sisäisen energiat eli kundaliiniprana ja -shakti aktivoivat va-
loasi automaattisesti kun vaikkapa joogaat tai meditoit sään-
nöllisesti, mutta kun tulee aika lähteä pois Maan piiristä lo-
pullisesti eli ylösnousta, niin siihen tarvitset todennäköisesti
tarkempaa opastusta. Tuo opastus tulee Korkeamman Itsesi
kautta. Ja opettaja saapuu tietenkin kun olet siihen valmis,
näin on aina.

Atlantiksen aikaan tuli tarve päättää kehityskulku Maassa
Merkaban avulla, sillä sitä ennen tuleminen ja lähteminen oli
melkoisen vapaaehtoista. Kun käsitteellinen mieli otti vallan,
myös lähteminen järjestelmästä hankaloitui, sillä USKOMUS
on vahva voima, nimittäin silloin jos uskot siihen!

Merkaba ja sen muut muodot eli tahokkaat ovat Merkana,
Merkiva ja MerkaRA, joka on yhteys Keskusaurinkoon ja sa-
malla järjestelmän sydämeen. Mutta kuten viime teoksessa
opimme, seuraava valokehon taso on Kristallimerkiva, joka
yhdistää sinut laajempaan "ylösnousseitten" verkostoon, ei

vain Maan osalta, valkoiseen veljes - ja sisarkuntaan, vaan nimenomaan muiden järjestelmien kosmiseen ykseyteen.

Kristallimerkivaan yhdistyvät ovat kosmisten vanhempiensa osalta kiteisiä, eli heidän esi-isiään ovat nykyisin piipohjaista tietoisuutta edustavat entiteetit. Jälleen kun luet tämän, tiedät, ovatko he sinun sukulaisiasi.

Kristallimerkivaan yhdistyminen yhdistää myös Äitimaan sisällä oleviin kiteisiin, jotka ovat hyvin vanhoja tietoisuuksia, voisi sanoa jopa olentoja. Jos olet viime aikoina kokenut suurta vetoa kiteisiin ja kristallikallioihin, niin tiedät, että tämä on sinun tiesi. Mutta vaikkei tämä olisi sinun tiesi varsinaisesti, niin tiesi on joka tapauksessa avoin nimenomaan pään yläpuolisten keskusten kautta. Vain aktivoimalla valorakkauden itsessäsi ja tulemalla tuntemaan tyhjyyden sitä ennen, etenet ja voitat viimeisen esteen, jota tämän planeetan vihkimystiellä sanotaan olevan.

Tiedät varmaan jo mistä esteestä puhun? Se on tietenkin usko kuolemaan, eli kehoon tai muotoon. Siihen että "sinä"olisit jokin muoto tai keho, ja että "sinun" olemassaolosi riippuisi jonkun muodon säilymisestä. Se on todella melko hassu ajatus, kun sinua tarkastellaan "ylhäältä" käsin. Et voi millään olla muoto, jonka kuolema korjaa. Olet ikuinen henki, kaikkien muotojen ja kuolema-elämä -vaihtelun tuolla puolen, mutta miten USKOA se vuoren varmasti? Vain itsesi tunteminen tuo varmuuden ja sen jälkeen pakolliset oleskelusi muodon maailmoissa alkavat riittää, mutta vaikka aikaa ei ole, on kaikella aikansa eli kypsyytensä.

On hyvä kypsyä valmiuteen voittaa kuoleman harha, mutta onko tarpeen olla ylikypsä? Monet viivyttelevät suotta ilmiömaailman huuruihin uskoen, vaikka he jo tietävät siellä taustalla itsessään, ettei maailma ole heidän kotinsa, eikä varsinkaan Maa dualistisena hyvä – paha - uskomusmatriisina.

Avaudu siis ystäväni ylöspäin, vaikka "ylhäällä" ja "alhaalla" ovat myöskin käsitteitä. Avaudu omalle Syvimmälle totuudellesi, Sydämesi viisaudelle ja kenties myös Kristalllisen matriisin kokemiselle pääsi yläpuolisten keskusten alueella.

Kuuntele mitä kiteet sinulle kertovat. Meditoi ja laula ikuisia lauluja lähteestä. Valon kieli on alkanut soida monen teistä sydämissä…

On aika kohota ja jättää taakse kaikki se vanha ja kulunut, joka ei enää mitään anna, ei todella, vaikka ehkä haluaisit vielä uskoa niin.

Olemme kanssanne kun nousette vanhan olentonne uskomusten tuolle puolen ja tulette tuntemaan Itsenne.

Ojenna kätesi. MAX on kanssasi.

MITÄ SITTEN?

Kristallimerkivaan yhdistyessäsi tulet ykseyteen yhä laajemman oman Itsesi osan kanssa. Muutoin sitä ei voi kuvata. Mitä sen jälkeen tapahtuu?

Se on arvoitus, jota on haastavaa kuvata sanoin, sillä sanat eivät siihen riitä. Kun koet Ykseyden ja olet se, olet ja muistat myös, kuka olit ja olet suhteessa kosmisiin vanhempiisi, joita kutsumme nimellä "muinaiset". Jos vielä uskot "kehittymiseen" tulet hetkessä havaitsemaan historian, menneen ja tulevan, mutta varsinkin sen, ettei aika ole muuta kuin trikki, silmänkääntötemppu, johon et usko enää. Luominen on ikuista, mutta muodot vaihtelevat.

Luominen on leikkimistä, mutta kärsimys on suurin harha mitä Maailmassa elävät ihmiset voivat ylläpitää. Kärsimys näytti syntyvän, kun leikki unohtui ja ihminen alkoi uskoa yksilöönsä ja sen etujen varjeluun. Sinä et ole yksilö, olet Ykseys. Luo ja leiki ja nauti. Kaikki On aina Hyvin. Ja Sinä Olet ja sinussa kaikki On Hyvin.

Vielä teemme pienen matkan tietoisuudessa. Miten kuvata kuvaamatonta?

MATKA ITSEYTEEN

Ensin on ajatus. Idea Korkeimman Yhden mielessä. Ajatus on täysin onnellinen symbioosissa lähteensä kanssa. Se aina ON, eikä muusta tiedä.

Kohtumaiseen symbioosin tilaan luikertelee ajatus "mitä jos olisi jotakin muuta, kuin kaikki se mitä ON." Se herättää toiseuden tunteen. Että ei olekaan vain se Yksi, vaan voi olla monta. Yksilöllisyyden ajatus ottaa päälleen lisää energiaa, materiaa, värähtelyä. Alkaa muodostua muotoja, siis ajatusmuotoja. Alkaa tulla ketjuja, syysuhteita. Alkaa tulla ideoita, lisää ajatuksia, lisää ketjuja ja mahdollisuuksia luomiseen.

Yksi ajatus luo moninaisuuden maailmaa ja pelkää tehneensä väärin Luojaansa kohtaan. Yksi on jakautunut moneksi. Ja kuin lumihiutale korkeuksista se leijailee alaspäin kohden yhä hitaammin koettavia ja värähteleviä tasoja. Leijailee ja luo ja alkaa uskoa luomuksiinsa. Luomisen leikki on muuttunut totiseksi. Ei naurata enää. Mutta missä sinä Todella olet ollut koko tuon erillistymisen ajan?

Olet ollut ja olet aina Itsessäsi. Siellä "Ylhäällä", kotona ja perillä. Kun ajatus yksilöstä ja erillisyydestä havaittiin, olit jo unessa. Se oli unettava ajatus ja koko pitkän matkasi ajan, olet ollut kuitenkin turvassa, Jumalassa, Itsessä.

Korkein on pitänyt sinusta huolta. Olethan edelleen ajatus Hänen mielessään. Tässä ja nyt. Ja sitten ajattoman ajan jälkeen heräät syvästä unestasi, ensin kevyempään uneen ja lopulta kokonaan ja huomaat nukkuneesi makeasti, vaikkakin unia nähden.

Kun heräät, olet varma, että unet eivät jättäneet sinuun minkäänlaista jälkeä. Olet taas siellä symbioosissa lähteesi kanssa. Luomisen leikki kenties jatkuu, mutta se on hyvin kevyttä, hauskaa ja inspiroivaa.

Ja kärsimys on päättynyt. Rauha on korvannut kuumeisen ajattelun ja kaikki ajattelun mukanaan tuomat turhat ongelmat ovat ratkenneet, sillä ne nähtiin sellaisina, millaisia ne ovat; tyhjää täynnä.

Ja ihmettelet, miten saatoitkaan unohtaa Itsesi ja nukahtaa?

ALKUPERÄISKANSOJEN TARUT KERTOVAT UNIAJASTA

Maan suojelijat, eli alkuperäiskansat kantavat tarustossaan ja tietoisuudessaan muistoa uniajasta, uneksimisesta. Tässä lai-

47

naus Australian aboriginaalien uskomuksiin liittyen sivustolta "Aboriginaalien uskonto."

"Aboriginaalit uskovat kulttuurinsa ja asuttamansa maailman syntyneen uniajan aikana. Uniaika on käsite, joka tarkoittaa aboriginaaleille sekä muinaista aikaa, että tarunomaista menneisyyttä. Heidän mukaansa, ennen maan luomista, kaikki oli ollut tasaista, muodotonta ja täysin elotonta. Kunnes maan syvyyksistä oli noussut unessa olleet mahtavat olennot. He omasivat yliluonnollisia kykyjä joiden avulla he pystyivät muuttumaan miksi tahansa elolliseksi tai elottomaksi luontokappaleeksi.

Nämä esi-isien henget loivat lauluillaan maan ja tuhannet ihmiset savesta muovailemalla. Henkiolennot tekivät säännöt ja lait vaikuttamaan maahan ja sen ihmisiin, eläimiin ja kasveihin. Jotta elämä maassa olisi kestävää, noita sääntöjä pitäisi noudattaa ikuisesti.

Henget opettivat vielä ihmiset selviytymään maan päällä ennen kuin vetäytyivät takaisin tuonpuoleiseen.

Uniaika ei kuitenkaan päättynyt tähän, vaan se jäi jatkumaan muuttuessaan kuolemattomaksi ihmisten arkielämässä."

Jatkuuko uniaika sinunkin elämässäsi "kuolemattomasti"? Vai onko aika herätä, venytellä makeasti ja antaa unien mennä?

The total number of minds in the universe is one.

Erwin Schrodinger

Everything we call real is made of things that cannot be regarded as real.

Niels Bohr

In all my research I have never come across matter. To me the term matter implies a bundle of energy which is given form by an intelligent spirit.

Max Planck

Kirjailijan aikaisempaa tuotantoa:

Kristallimatriisi, 2021
Valkoinen Kotka, 2020
Vapaaksi Mielen Matriisista, 2020
Sinä Olet Se, 2019
Noita, 2019
Näkijän Silmin, 2018
Peli Nimeltä Elämä, 2018
Pyhä Ihminen, 2017
Samsara on Nirvana, ERA, 2016
Muinaiset, ERA Tikatal, 2015
Pelosta Rakkauteen, 2014
Jumalattaren Paluu, 2013
Amenhotep, Valkoisen Lootuksen Laulu, 2013
Todellisuudesta Unimaan Kielellä, 2012
Adamonin Aika, 2010
Atlantiksen Perintö, 2009
Isäni Taivas, Äitini Maa, 2007, uudistettu painos 2014
Ra'n Mysteerit, 2005
Siunatut Sisaret, 2003
Jumalan Pojat, 2000

Kirjailijan nettisivut: http://solarel.nettisivu.org